El espacio

Astronautas

Charlotte Guillain

Heinemann Library
Chicago, Illinois

Editorial: Rebecca Rissman, Charlotte Guillain, and Siân Smith
Picture research: Tracy Cummins and Heather Mauldin
Designed by Joanna Hinton-Malivoire
Translation into Spanish by DoubleOPublishing Services
Printed in China by Leo Paper Group

13 12 11 10 09
10 9 8 7 6 5 4 3 2

ISBN-13: 978-1-4329-3509-2 (hc)
ISBN-13: 978-1-4329-3516-0 (pb)

Library of Congress Cataloging-in-Publication Data

Guillain, Charlotte.
    [Astronauts. Spanish]
    Astronautas / Charlotte Guillain.
       p. cm. -- (El espacio)
    Includes index.
    ISBN 978-1-4329-3509-2 (hardcover) -- ISBN 978-1-4329-3516-0 (pbk.)
    1. Astronauts--Juvenile literature. 2. Outer space--Juvenile literature. I. Title.
    TL793.G8518 2009
    629.45--dc22
                                    2009011033

Acknowledgments
The author and publisher are grateful to the following for permission to reproduce copyright material:
AP Photo pp.**16**, **22** (©Pat Sullivan); Getty Images pp.**6**, **11** (©NASA) **15**, **17** (©Space Frontiers/Stringer), **18** (©Stockbyte); NASA pp.**9** (©GRIN/James McDivitt), **10**, **14** (©GRIN), **19** (©National Aeronautic and Space Administration/Human Space Flight), **20** (©GRIN/Charles M. Duke Jr.), **23a**, **23b** (©GRIN), **23c** (©National Aeronautic and Space Administration/Human Space Flight); Photo Researchers p.**21** (©Science Source); Photo Researchers Inc. pp.**4** (©Pekka Parviainen), **5** (©Science Source/NASA), **13** (©Science Source); Reuters p.**12** (©NASA); Reuters p.**12** (©NASA); ©UPI pp.**7**, **8**.

Front cover photograph reproduced with permission of NASA (©James McDivitt). Back cover photograph reproduced with permission of NASA (©GRIN/Charles M. Duke Jr.).

Every effort has been made to contact copyright holders of any material reproduced in this book. Any omissions will be rectified in subsequent printings if notice is given to the publisher.

Contenido

El espacio

El espacio queda más allá del cielo.

Las personas pueden viajar al espacio.

Astronautas

Las personas que viajan al espacio
son astronautas.

Los astronautas aprenden
sobre el espacio.

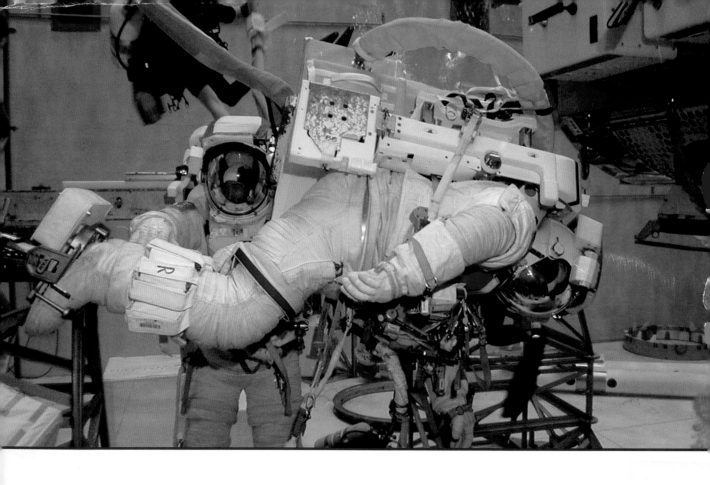

Los astronautas aprenden a trabajar
en el agua.

Es como trabajar en el espacio.

transbordador espacial

Los astronautas viajan en un transbordador espacial.

El transbordador espacial lleva a
los astronautas al espacio.

Los astronautas pueden ver la Tierra
desde el espacio.

Los astronautas flotan en el espacio.

Los astronautas llevan un traje especial en el espacio.

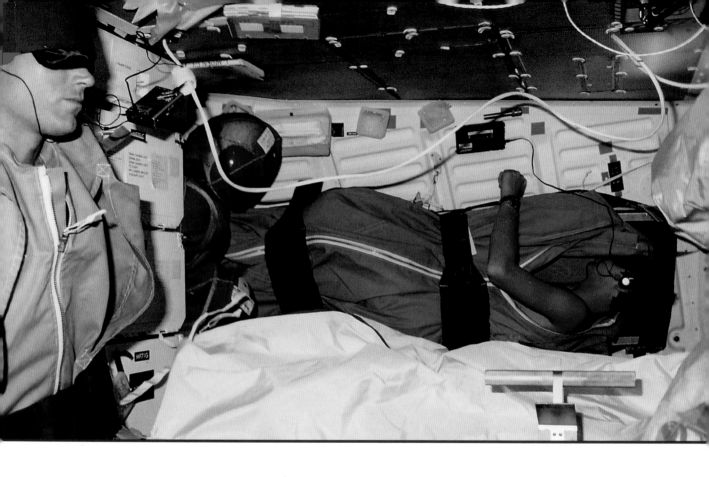

Los astronautas duermen en una cama
especial en el espacio.

15

Los astronautas comen alimentos especiales en el espacio.

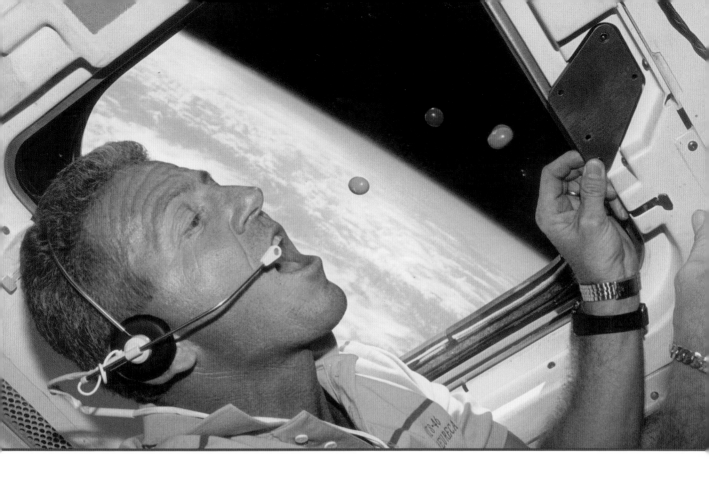

Los alimentos flotan en el espacio.

La estación espacial

Los astronautas construyen una estación espacial en el espacio.

18

Los astronautas viven en
la estación espacial.

La Luna

Los astronautas han visitado la Luna.

Regresaron a la Tierra con rocas
y polvo lunares.

¿Te acuerdas?

¿Qué es esto?

Respuesta en la pág. 24

Glosario ilustrado

 **astronauta** persona que viaja al espacio

 **transbordador espacial** vehículo que usan las personas para viajar al espacio

 **estación espacial** lugar construido en el espacio donde pueden vivir personas

Índice

Respuesta a la pregunta en la pág. 22: Alimentos que se pueden comer en el espacio.

Nota a padres y maestros
Antes de leer

Pregunte a los niños si saben lo que es un astronauta. ¿Han visto algún programa en la televisión acerca de astronautas? ¿Qué tipo de ropa llevan los astronautas? Si fueras astronauta, ¿a dónde te gustaría viajar?

Después de leer

- Hacer astronautas. Pida a los niños que se acuesten sobre grandes hojas de papel, y ayúdelos a trazar sus contornos y recortar las figuras. Usen pintura blanca o plateada para el traje y pintura negra para las botas. Usen círculos coloreados para los controles del traje. Agreguen dos botellas plásticas en la parte trasera, que servirán de tanques de oxígeno. Cuelguen a los astronautas del techo o de la pared.

- Hagan una representación. Explique a los estudiantes que serán astronautas y visitarán los planetas. Pídales que se pongan sus trajes espaciales y que verifiquen que tengan sus equipos de respiración. Despeguen en el transbordador espacial y visiten Marte. Explique que hace mucho calor de día, pero que la temperatura baja muchísimo de noche. Observen las rocas rojas y el volcán enorme. Continúen la visita de otros planetas antes de regresar a la Tierra.